Echo and Narcissus

Mair beuks in Scots available frae Evertype

The Inveesible Chiel, by H. G. Wells, tr. Sheena Blackhall, furthcomin.

Written Scots in Scotland and Ulster, by Andy Eagle, furthcomin.

The War o the Warlds, by H. G. Wells, tr. Sheena Blackhall, 2020.

Hamethochts, by Elaine Morton, 2019.

O Mice an Men, by John Steinbeck, tr. Sheena Blackhall, 2018.

Fey Case o Dr Jekyll an Mr Hyde, by Robert Louis Stevenson, tr. Sheena Blackhall, 2018.

The Winnerfu Warlock o Oz, by L. Frank Baum, tr. Sheena Blackhall, 2018.

Jean Eyre, by Charlotte Brontë, tr. Sheena Blackhall & Sheila Templeton, 2018.

Mou Her Name, Gabriel Rosenstock's *Uttering Her Name*, tr. John McDonald, 2018.

Ahlice's Aveenturs in Wunderlaant, *Alice* in Border Scots, tr. Cameron Halfpenny 2015

Alice's Mishanters in e Land o Farlies, *Alice* in Caithness Scots, tr. Catherine Byrne 2014

Alice's Adventirs in Wunnerlaun, *Alice* in Glaswegian Scots, tr. Thomas Clark, 2014

Ailice's Anters in Ferlielann, *Alice* in North-East Scots, tr. Derrick McClure, 2012

Alice's Adventirs in Wonderlaand, *Alice* in Shetland Scots, tr. Laureen Johnson, 2012

Ailice's Àventurs in Wunnerland, *Alice* in SE-Central Scots, tr. Sandy Fleemin, 2011

Ailis's Anterins i the Laun o Ferlies, *Alice* in Synthetic Scots, tr. Andrew McCallum, 2013

Alice's Carrànts in Wunnerlan, *Alice* in Ulster Scots, tr. Anne Morrison-Smyth, 2013

Alison's Jants in Ferlieland, *Alice* in West-Central Scots, tr. James Andrew Begg, 2014

Eachdraidh Ealasaid ann an Tìr na Iongantas, *Alice* in Gaelic, tr. Moray Watson, 2012

Echo and Narcissus

Sara Clark

evertype
2020

Publisht by/*Published by* Evertype, 19ᴀ Corso Street, Dundee, ᴅᴅ2 1ᴅʀ, Scotland. www.evertype.com.

Gutter Magazine: "The Bourtree", "Insomniac" and "Ariadne" (the latter two were renamed as "Awauk" and "Ariadne Peals" for this collection); *Northwords Now*: "Wairnin tae the Ayeways Aff an On", "A Lane Girl"s Howps" and "Whilst Workin at Subway"; *The Darg*: "The Bourtree"; *Obsessed with Pipework*: "Insomniac"; *New Welsh Review*: "The Sale"; *Prole Magazine*: "Nymphs at 2 a.m.". *The New Writer*: "Decampment"; *Coastwords "Into The Woods" Anthology*: "Sestina Of The Forest"; *The Open Mouse*: "A Lone Girl"s Song"; *Walking Is Still Honest*: "Afterward"; *Poet and Geek*: "Futilities" (renamed "The Decline" for this collection).

A catalogue recort fir this beuk is available fae the British Library.
A catalogue record for this book is available from the British Library.

ISBN-10 1-78201-270-2
ISBN-13 978-1-78201-270-2

Typeset in Bembo by Michael Everson.

Cover: Michael Everson.

Cover paintins/*Cover paintings* "Echo" and "Narcissus" © 2020 Sara Clark.

For Liz

Contents

The Rowp 2
   The Sale 3
The Bourtree 4
   The Hour of Wonder 5
The Dwynin 6
   The Decline 7
Tae Shaidae 8
   Absolute Shadow 10
Tae the Greenwid 12
   To the Greenwood 13
Efter 14
   Epilogue 15
Doorstane 16
   Doorway 18
A Lane Quine's Howps 20
   A Lone Girl's Song 21
Pouss 22
   Push 23
The Gairden Pairty 24
   The Garden Party 25
Whit Micht Hae Been 26
   What Might Have Been 27
Hou Tae Malafouster 28
   How To Destroy 29
Awnin 30
   Confession 31
The Watter Girl 32
   The Water Girl 34
Adoun 36
   Descent 37
Blissin 38
   Dirge 39
Legacies o Yird 40
   Legacies of Earth 41
Skirtin 42
   Decampment 43
Owergien 44
   Surrender 45
Vire an the Deilie 46
   La Belle et la Bête 47
The Falconer 48
   The Absence of a Cage 49

Vaam again Narcissus 50
   Ward against Narcissus 51
The Aiverel 52
   The Beast Desire 53
Sindert 54
   Separation 58
Ariadne Peals 62
   Ariadne's Regret 63
Staurns at Skybrek 64
   Stars at Dawn 65
Seelent Man 66
   Silent Man 67
Wairnin tae the Ayeweys Aff an On 68
   Advice to the Undecided 70
Sestina o the Widland 72
   Sestina of The Forest 74
Fawin 76
   Falling 77
The Brithal Vou 78
   The Bridal Vow 79
Aifterwart 80
   Afterward 81
The Seicont Ferlie 82
   The Second Miracle 83
Naur Deith 84
   Near Death 85
The Wee Yins 86
   The Children 87
Awauk 88
   Insomniac 89
Benshees, 2 a.m. 90
   Nymphs at 2 a.m. 91
Whilst Wirkin at Subway 92
   Whilst Working At Subway 93
Girzie Sang 94
   Servantile Song 95
Bonnie Gansey 96
   Pink Cashmere 97
Pouther-deevils 98
   Fireworks 99
Sestina o War 100
   Sestina of War 102
Expectin Guests 104
   Expecting Guests 105
Invokerie 106
   Invocation 107

Echo and Narcissus

The Rowp

Yon cedar oan the brae, gleed up, alicht,
Yon skairt airk o the sky that swithers sae
Buy this myndin, buy this sicht
Aw sic hings maun go

Yon ben, marlt app wi nakit banes o trees,
Yon bauchled treisur o a lang deid chield
Yon beast wi birse an claes an hauf alive,
Yon green lea paintit white, yon laund ance wild
Yon fury o a chield
Saft an swith as faur-aff lichtnin,
Yon hairt, alist wi licht
Yet fawen seelent.

Buy it.

Yon bracky-bree o fykie haunds
Slawly kinkin clased,
Yon sowels lost, vainishin staurns,
Yon pairls lowpit aff the neck o howp!

Yon cairved gowl o the sky that hings sae law,
Yon tuith, reft oot tae be sauld,
Yon skirlin o a luim in the mornin stour,
Yon claiterin gairland o tin,
Yon disassembled man,
Yon flouer, stampit in snaw,
Yon rose: Yon fause, blae rose
Hauf muildert wi decay;

Buy it nou,
Buy it the day.

Aw sic hings maun go.

The Sale

This cedar on the hill, alive with light,
This cut throat of the sky that hovers low,
Buy this memory, buy this sight
Everything must go.

This mountain shot with shadows of lost trees,
This antique trophy of a long dead child
This beast with hair and legs and still alive,
This green dale painted white, this land once wild
This *fury* of a child,
Soft and quick as distant lightning,
This heart alive with light
Yet fallen silent.

Buy it.

This measureless expanse of hands
Slowly folding closed,
These lives lost, vanishing stars,
These pearls torn from the neck of hope!

This cut throat of the sky that hangs so low,
This tooth pulled out to be sold,
This sound of a machine in the morning storm,
This tinkling garland of tin
This disassembled man
This blossom stamped into snow
This rose: This plastic rose
Enfolded in decay;

Buy it now,
Buy it today.

Everything must go.

The Bourtree

An when, acause o men, yon Bourtree dee'd,
The smaw air o mornin hauntit it wi grief—
An the warld brocht oot its daurk yairns then,
As the dowie sun shane caumly oan,
Its seilie ee sae clase tae clasin.

An sae, thae bluims that fillt the meidaes aince
Wis swallaed bi the laund's fell hunger,
An the wind that liltit lang in the birlin dust
Wis a wird awa fae the end o sang foriver.

An whan the woundit widlaunds drapt at last,
An the rain plashed doun in draigs alang the villas,
Till e'en the bracky bree wis dicht asinder;
Anely then did oor een sweel app in wunner,
As men, an leafs, an beasts, aw fell thegither.

The Hour of Wonder

And when, because of men, that great tree died
The last air of morning circled it like grief.
And the world learned well its lesson then,
Though the dumb red sun shone gently on
Its holy eye so close to closing.

And thus the grass that blew like heaven once
Was swallowed by the soil's dark hunger,
And the wind that sang so long in the fruitless dust
Was a word away from the end of song forever.

And when the wounded woods collapsed at last,
And the rain thrashed down in waves across the villas
Till even skies and seas were washed asunder;
Only then did our eyes gaze up in wonder,
As men and leaves and beasts all fell together.

The Dwynin

The faur aff, iver birslin sun
whit plichtit caumly tae the nicht
tae clype its saicrets tae the staurns
and paunder throu unendin daurk
tae len the yird a wheet o licht
has cast-aff howp an dwinnelt oot.

The wind that daidled at the door
tae hearken tae the wee yins sing
an, stairtin at the soond o deith
teuk app the air, an fell again
tae spiel amang their tottie hings
has vainished, tae retour nae mair.

The tottie dou, the peerie bride
wha bade her life ahint a gless
an smorin on her wirrit breith
couldna get weel wi years o rest,
still focht wi aw her micht, an yet
she'll niver see the warld again.

The warld, the bride, the sun, the babe
the hame, the vou, the gowd, the grave,
tho ilka hert has howps like these
some treisurs are futilities
that lang tae lig amang the drush
tae whilk we sall retour, an must.

The Decline

The far away, convulsing sun
that made a promise to the night
to tell its secrets to the stars
and move through nothing in the dark
to lend the world a little light
has lost its patience and burnt out.

The wind that whistled at the door
to listen to the children sing
and then, despite the call of death
entered the air and fell again
to play among their little things
has vanished, to return no more.

The little dove, the little bride
who spent her life behind the glass
and suffocating on her breath
could not be healed with years of rest
still tried with all her might and yet
she'll never see the world again.

The world, the bride, the sun, the babe
the home, the oath, the gold, the grave,
though every heart holds hopes like these
some treasures are futilities
that long to rest amongst the dust
to which we shall return, and must.

Tae Shaidae

When the lochan breks
an mirkens abuin unseen saunds,
  will ye feel ma ghaist
      sloom throu yer hame—

grey esh fleetin past
    the sicht o the mishanter?

Na. When the muin
(sae braw, it's aathin)
    lichts the lines ah've left
        in a broun envelope
            (aye unmerkit)

will ye appen it up
    an airt oot ah'm a shaidae?

Na. Anely when smeuk
slaiks taurmac,
    (the wheel feezin
        unner ma paum an)
    Autumn spreids gowd weengs an
skites taewart me,
anely when
a skimmerin streek o saund
    skails up an oot
(giltin ma windaes
tae the brou an)

Anely when faem
eats up ma scream,
an ma ties tae hame
are breuken bi the faw,
an ma mind dwynes doon
an scaiters in daurk shairds
an the mydnins o yer luve
lat be ma hert,

Anely then will ah retour
tae shaidae.

Absolute Shadow

When the river cools
and blackens above unseen sands,
    will you feel my ghost
        blow through your home—

grey ash floating past
    the scene of a disaster?

No. When the moon
(so big it's everything)
    reflects the light you left
        in an electric envelope
          (still unposted)

will you open it up
    and find out I'm a shadow?

No. Only when smoke
hits tarmac,
    (the wheel twisting
        under my palm and)
    Autumn spreads gold sails and
soars toward me,
only when a wide red mile of sand
    spreads up and out
(gilding my windowsills
to the brim and)

Only when the wind
    eats up my scream
        and you are made
            invisible by distance
    and my existence becomes
an unseen sleep
and the dark curve
    of the road guides
        me forward,

    Only then will I become
Absolute Shadow.

Tae the Greenwid

Let's gan doon the close
Through the ceety ma luve,
Throu the bellum an dirdum an din
An bind for oorsels a wee bourie o gress
Bi the lea-field an heel oorsels in!

For the sun gluiders on
In the heivens abuin
An the gress blatters saftly ablo

An the waters o blae
Simmer blithely awa
So, alang tae the greenwid we'll gae, ma luve,
Oh alang tae the greenwid we'll gae.

Oh alang tae the greenwid we'll gae, leesome man
For the daylicht is daurkenin fast,
An the soond o the siren is raikin the waws,
An the scran that we hae willnae last.

It's better tae no caw yer maw, darlin boy
An the neeburs hiv awready ran—
We'll no need the dug, juist the keys tae yer caur,
An alang tae the greenwid we gan, we gan!
An alang tae the greenwid we gan!

Oh the daylicht is daurkenin glegly, ma luve
But the howlin is aw aboot duin,
An the swinge an the soond
O the bombs on the grund

Seems as faur an awa as the muin, ma luve,
Seems as faur an awa as the muin.

To the Greenwood

Let's go down the lane
Through the city my love,
Through the madness and mayhem and din,
And run through the forest, make shelters from trees
By the lea-field an shut ourselves in!

For the sun glows like love
In the heavens above
And the grass ripples softly below

And the waters of blue
Ripple sweetly and true
So, along to the greenwood we'll go, my love,
Oh along to the greenwood we'll go!

Oh along to the greenwood we'll go, darling man,
For the daylight is darkening fast,
And the wailing of sirens is shaking the walls,
And the food that we have will not last.

You don't have the time to call mother, dear beau,
And at her age she won't have got far
No, we can't bring the dog, just the keys to the car,
And along to the greenwood we'll go, we'll go,
And along to the greenwood we'll go!

Oh the daylight is darkening faster, my love,
But the hail should start dying out soon,
And the hideous sound
Of the bombs on the ground

Seems as far and away as the moon, my love,
Seems as far and away as the moon.

Efter

The sea is aye—
A purpie line
Alang the easins

Lowe in the sky!
The awfu hue
O sulphur risin

The sun birls oan
Unseen abuin
The seelent meidae

The wyndless drush
Is oorie as
A banshee's shaidae

Niver sic flooers!
Glazie wee ferlies
Wi nae gairdeners

Niver sic muntains!
Ceeties spraff oot
Wi bricks fir guts

Naethin abides
Whaur we aince stuid
But guns, an dust.

Epilogue

The sea is still—
A violet line
On the horizon

Fire in the sky
The awful colour
Of sulphur rising

The sun glows on
Unseen above the
Silent meadow

The windless ash
Is softer than
A cobweb's shadow

Never such flowers—
Luminous wonders
With no photographers

Never such mountains—
Cities split the earth
With bricks for guts

Nothing remains
Where we once stood
But guns and dust.

Doorstane

The scullery's that quate,
the hail maks nae soond on the windae.

Makkin ma piece, blawin ma tea,
ah shoud be haippy, but seelence
draws a corset o fear aroond me.

Ootside, a snawbird skirts the gress
bi the hedgie, the tirryin tongue
o spring slaiks its leafs like cluifs,
an ah'm envyfu o naitur,
hou its bonnie lires birl.

The postie staunds stell
in polisht dairkness, til
licht gorbs app his shadie.

Skyrie an dowpless,
the rain faws faster,
hailstanes plash the vennels an
ah sense a mishanter
In the heivens, the prinkle
o drowe on the brae.

Dizzens o sirens cruin thigether—
draigin the postbag in, ah licht
an ingle in the benmaist hearth,
sattle doun wi the cairds an letters—
yin bi yin, a reeve thaim aw in hauf.

An as they frumple in the lowe, the sicht
o ilk warld's end is a cantie thing—

It is peace: for nane o thaim are mine,
And throu the deilie winds,
Nae man seeks oot ma doorstane.

Doorway

The kitchen
is silent all morning.
Even the rain makes
no sound on the window.

Reading last week's paper,
drinking hot chocolate,
short in my slippers,
I almost feel happy,

but silence
laces birdsong,
pulls tight, draws its
white corset
round the world.

Outside, a starling hops
on the hedgerow,
the green tongue of spring
licks its leaves like paws,

and I am jealous
of nature—how its pure
colours dance

I see at once
catastrophe has come,
and recognise its signs—
the sparkle of flame
on the hill, the postman's
moan as light devours
his shadow.

Dragging his bag in,
I light a high fire, let the mail
crumple in the flame,

and the sight of
each world's end
is such a fine thing—

It is peace: for not one
of these letters is mine,
and through the blind storm,
no man seeks out
my doorway.

A Lane Quine's Howps

Howpfu, as tho ma hairt wis kirnin fire,
Howpfu, wi ma dwaums presst in the cauld paum o snaw,
Howpfu, tho ma greetin's the soond o a blowsterie windae,
Howpfu, gowerin up at the muin's bleart edges—
The doorstane cheeps, a hairtbeat flees awa,

Howpfu suin again, courin in the lamplit close,
Howpfu, joys ower tottie tae howd are tovin skywart,
Howpfu, for the staurns leam bonnie bricht abuin the gairden,
Howpfu, tho deith strides mirksome roond its waws,

Howpfu for the honour o a leear,
Howpfu as a jakey at a clased door,
Howpfu for a deek at a gowden shore,
Still howpfu, terrifee'd e'en nou o heiven.

Howpfu, ma buitless feet aw droukelt up wi gress,
Howpfu, an daikin oot a wee grave for ma hert,
Howpfu, an kneelin, an pitten it in.

A Lone Girl's Song

Singing, as though my hopes were alive with fire,
Singing, my heart pressed in the cold palm of snow,
Singing, 'til my voice is the sound of wind against holly,
Singing, and gazing up at moon's blurred edges—
A cloud unwinds, the symphony is spoiled.

Singing again at the lonesome orange glow of road
Singing, hopes too small to be held are fast escaping,
Singing, at the sky that shines above this garden,
Singing, though death prowls fiercely about its walls,

Singing of the honour of a monster
Singing of a beggar at a closed door
Singing of the wind on the desolate shore
Still singing, fearful even now of heaven,

Singing, my bootless feet wet with grass
Singing, and laying out a little grave for my heart
Singing, and kneeling, and putting it in.

Pouss

We bide in yird, set ackwart in blaik cribs,
Bauch damies lyin law in saicret cauld.

A glaurie wecht bears doun on us
As we sowf in the howie daurk—

We dwaum o naitur, yellae flooers,
Lauchter, an the mar's blae faulds.

Insteid, whit's on offer
Are wynds bricht as phosphor,

The wappie's lood buzz an
The fauts o louns an quines,

As we cower frae the ghaists o hings tae come—
Doun here whaur naithin growes but dree

Sweelt in dirt, fed on stour
Whitit bi the undevaulin glaur

But, ach, we maun pouss app!
Ayebidin Nou is endin
Look app! E'en heiven's disappearin—

The mony aizles o oor lives
Will skimmer oot—but pouss!

Let oor petals spreid an faw
In this fousome oam, until the drowe
Daubs awa oor last bricht lowe,

But dear God—tae hiv lived at aw!

Push

We exist in dust,
Big and hideous in our dark cribs

Indifferent princesses, lying hidden
In the sweet and secret cold.

A world of mud bears down upon us
As we sleep in the deep, black dark—

We hanker after nature, loud yellow flowers,
Air and laughter, the ocean's green folds.

Instead, what's on offer are streets bright as phosphor,
The wasp's fluorescent buzz, a grinning
Locomotion of men and women

As we cower from the mysteries of things to come—
Down here where nothing grows but fear

Swaddled in dirt, feeding on rain
Whitened by the cold and hollow night.

But, oh, we must push up!
Our Eternal Now is ending
Look up! The sky is disappearing—

The million tiny fires of our lives
Will flicker out—but push!

Let our petals spread and fall
In this filthy air, until the rain
Daubs away our last lit flames,
Every glittering one—

But dear God—to have lived at all!

The Gairden Pairty

Birth is a floorishin, its pleisures seem
The leemits o oor howps. Hou like a flouer
It bluims an growes until the gairden's bricht
Wi colour: luvers, fowersome-reels an freends.

Deith ligs abuin it, nestin at a hicht
Too faur awa tae deek at, ere the oor
It lists our lauchter frae its dreadfu tour
Then spreids its soondless weengs oot, an descends.

So hou are we tae bide? It aw depends:
Juist daunder roond an mak oot we're awricht
Or seekit oot the saufest place tae cower?
Hou no? It maks nae odds taewart the end

Unless we bide oor days wi deith in sicht
An ware them weel, while they're still oors tae spend:
If we coud birl aneath deith's faur-aff gaze—
Whit treisurs we'd hiv then. Whit dreams. Whit pouer.

The Garden Party

Birth is a flourishing, its joy transcends
The limits of our hopes. How like a flower
It blooms and seeds until the garden's bright
With colour: lovers, orchestras and friends.

Death sleeps above it, nesting at a height
Too far away to notice, till the hour
It wakes and sees its target from the tower
Then spreads its soundless wings out and descends.

So how are we to live? It all depends:
Just walk around pretending we're alright
Or find something to hide in? Sit and cower?
Why not? It makes no difference in the end

Unless we seize these hours with death in sight
And spend them wisely, while they're ours to spend
If we could dance despite death's steely gaze—
What dreams would we have then? What lives? What Power?

Whit Micht Hae Been

Whit ye coud hae duin, an whit ye did—
   Sic smaw distance in-atween the twa!

Chances misst or takken, yin bi yin,
   Whit ye did, an whit ye didnae dae…

Yin chield brade ootside, the ither hid,
   Yin race endit, yin had juist begun—

Whit yin did, the ither coud hae duin.
   Oan anither day, thon chield wis you…

Gauntin as yer caur begins tae skid,
Blackenin the baurel o yer gun,

Skailin poison, leavin aff the lid,
Laundin on the ruif or fawin throu…

Stairtin yin life, endin up wi twa,
   Leevin oot the seicont yin unseen,

Whit ye did, an whit ye didnae dae—
   Wha ye are, an whit ye micht hae been.

What Might Have Been

What you could have done and what you did,
    Such small distance in-between the two—

Chances missed or taken, one by one,
    What you did and what you didn't do.

One child ran outside, the other hid,
    One race ended, one had just begun—

What one did, the other could have done.
    On another day, that child was you…

    Yawning as the wheel begins to skid,
Polishing the barrel of a gun,

    Using poison, leaving off the lid,
Landing on the roof or falling through…

Starting one life, ending up with two,
    Living out the second one unseen,

What you did and what you didn't do—
    Who you are, and what you might have been.

Hou Tae Malafouster

We aw ken hou tae destroy…
We dae it ilka day
A loun an quine wha tortur a fly
Will stap yin anither anely tae say
"Och no, that isnae the wey."

A babbie wi a toy,
Wha braks its bonnie-die
May froun awee, but disna cry,
Or murn the treisur it aircht awa…
Och no, that isnae the wey.

Decidin tae deploy
His sodjers 'gin the bay
Then stunnert as their phantons flee
The brigadier cours doon tae pray,
"Och no, that isnae the wey!

You kivert me wi joy
An swuir tae ayeweys stey
An noo, nae langer afeart tae dee,
Ah lang tae destroy yer life, an may…

Och no, *that* isnae the wey.

How To Destroy

We all know how to destroy...
We do it every day
The girl and boy who torture a fly
Will stop one another only to say
"No no, that is not the way."

A newborn with a toy,
Who fractures it in play
May frown awhile but does not cry
Or mourn the treasure it tossed away...
No no, that is not the way.

Deciding to deploy
His troops across the bay
Then watching their cadavers fly
The brigadier begins to pray,
"No no, that is not the way!

You covered me with joy
And swore to always stay
And now, no longer afraid to die
I long to destroy your life, and may...

No no, *that* is not the way.

Awnin

The Mice hae Empied the Skelfs
The Wouves hae Etten the Sheep
The Wives hae Taen the Knives
An Killt an Cairved the Geese

Clatty an Crookit an Cauld
Reid and Narrae an Sair
Ah Maunna, ah Coudna, ah WON'T
(*The Deil is at the door*)

Douce an Fouch an Hyte
Stuir an Braid an Auld
Lang an Cantie an Hie
(*tottie an law an cauld*)

Ah Canna, ah Shouldna, ah DON'T
If Anely, if Iver ah Coud
(*The laifs are grey wi mowd
The Deil is in the bluid*)

The Mirror has Skailt its Gless
The Deid-box has nae Lid
Aw This has Cam tae Pass.
(*Ah did—ah Did it—ah DID*)

Confession

The Mice have Emptied the Shelves
The Wolves have Eaten the Sheep
The Wives have Taken the Knives
And Killed and Carved the Geese

Dirty and Crooked and Cold
Red and Narrow and Sore
I Mustn't, I Couldn't, I WON'T
(*The Devil is at the door*)

Sweet and Fallow and Wild
Large and Wide and Old
Tall and Happy and High
(*tiny and low and cold*)

I Can't, I Shouldn't, I DON'T
If Only, if Ever I Could
(*The loaves are grey with mould
The Devil is in the blood*)

The Mirror has Lost its Glass
The Coffin has no Lid
All This has Come to Pass.
(*I did—I Did it—I DID*)

The Watter Girl

Ach, daurk the day
Ach, daurk the day
That it shoud end like this

Ach, damn the burnie an the brae,
But blissins on oor kiss!

She led us tae the watter's edge
An held ma heid alaft

Her haunds wis ice
The nicht wis daurk
Her skin was rare an saft

She left me on the girssie brae
Aw droukelt up wi bliss

Ach, daurk the day
Ach, daurk the day
That it shoud cam tae this

Ma anely faither, peety me
Lat heiven's licht skyre doon,
The sweltrie sun scaums iver on
A shillie cheeps abuin

The seelent flooers
Staund straucht an still
Ma hert is licht an free

But daurk the day, ach, daurk the day
That this shoud cam tae be

Dinnae believe yer mither, girls
Dinnae believe yer da
Dinnae believe the quine ye luve
They're leears, yin an aw

The watter's steel,
The watter's deith
An I am but a lass

Ach, daurk the day
Ach, daurk the day
That this maun cam tae pass.

The Water Girl

Ah, dark the day
Ah, dark the day
That it should end like this

Ah, damn the river and the sea,
But Father, bless our kiss

She led me to the water's edge
And held my head aloft

Her hands were ice
The night was dark
Her skin was rare and soft

She left me on the river bank
Alone and soused with bliss

Ah, dark the day
Ah, dark the day
That it should come to this

My only father, pity me
Let heaven's light shine down
A lonesome sparrow stirs the tree
The blazing sun glows on

The silent blooms stand straight and still
My heart is light and free

But dark the day
Ah dark the day
That this should come to be

Don't listen to your mother, girls
Or heed your father's call
Don't even trust the girl you love
They're liars, one and all

The water's steel
The water's death
And I am but a lass

Ah, dark the day
Ah dark the day
That this must come to pass

Adoun

Fozie-moothed saumon—
Pink belly breuken,
Gloggin doon the black

Reidie gills gauntin,
Leamin vermillion
Hou can ah pit back

Thae torn scales
Lowsed in mirkness?
Appen that gowden ee?

Dowlie as the dairk
Ah maun see ye droun
In the emerent leam o morn.

Descent

Ragged-mouthed salmon—
Pink stomach broken,
Sinking into black

Purple gills open,
Glinting vermillion
How can I put back

Those torn scales
Loosed in blackness?
Open that golden eye?

Madder than the dark
I must watch you drown
In the shining green of morn.

Blissin

Thae whase ailins bluimed an mirlt
    (Watters ower stanes)
Thae wha held thaim as they skirlt
    (Blessit, buirit, the banes)

Thae wha drounin, glisked the bank
Thae wha murned thaim as they sank
Thae wha 'gin the deid-kist, drank

Bliss an Buiry the Banes

Thae wha tholed the stourin rain
    (Watters ower stanes)
Thae wha hoyed the wathervane
    (Blessit, buirit, the banes.)

Thae wha strauchelt, yet were shot
Thae wha taucht, yet suin forgot
Thae wha socht a lowny spot

Bliss an Buiry the Banes.

Thae wha ower treisurs wept
    (Watters ower stanes)
Thae wha kisst in the stour then slept
    (Blessit, buirit, the banes.)

Thaim afeart to jyne the deid
Aye sae heedfu whaur they tread
Ah wha screive—ye, wha hiv read

Bliss and Buiry the Banes.

Dirge

Those whose sorrows soared and died
   (Waters over stones)
Those who held them as they cried
   (Bless and bury the bones)

Those who drowning, glimpsed the bank
Those who mourned them as they sank
Those who by the coffin, drank

Bless and Bury the Bones

Those who fought the wind and rain
   (Waters over stones)
Those who wrought the weathervane
   (Bless and bury the bones.)

Those who battled yet were shot
Those who taught but quite forgot
Those who sought a quiet spot

Bless and Bury the Bones.

Those who over riches wept
   (Waters over stones)
Those who kissed in the dust then slept
   (Bless and bury the bones.)

Those afraid to join the dead
Ever mindful where they tread
I who write—you, who have read

Bless and Bury the Bones.

Legacies o Yird

These are the fitmerks o the deid,
An thae whae trod whaur we nou treid
Are vainisht an ootpit; the laund
They raikit on, (whaur we nou staund)
Is occupeed bi us insteid.

The feet that guddled-app this sand
Did so no lang ago, they've gane
Acause they stuid too lang upon
The real estate we're buildin on—
We cannae keep it—unnerstaund?

"Yon lea is mine, yon yird ma ain!"
Wha'll rowst the vous we proodly said?
Or rauz the hose-gress, owergrown
On which oor esh maun too, be blawn
Amang the fitmerks o the deid?

Legacies of Earth

These are the footprints of the dead,
And those who trod where we now tread
Are vanished and replaced; the land
They walked upon, (where we now stand)
Is occupied by us instead.

The feet that once displaced that sand
Did so not long ago, they've gone
Because they stood too long upon
The real estate we're building on—
We cannot keep it—understand?

"This field is mine, this soil my own!"
Who'll shout the vows we proudly said?
Or tend the grasses, overgrown
On which our dust must too, be blown
Among the footprints of the dead?

Skirtin

midnicht mour lit-app corcur
    storm-clood blears the muin's licht gowd
fitmerks saftly faw

lassies rin throu snaw
    bauchles leavin prents in cauld
midnicht mour lit-app corcur

tears of saicret wae
    wairm an siller, sype, as slaw
fitmerks saftly faw

corbies caw, stairms blaw
    echa throu the enmaist wold's
midnicht mour lit-app corcur

blinkit by the shaw
    of staurns they hiv escaped him: sae
throu midnicht mour lit-app corcur

fitmerks saftly faw

Decampment

midnight snow, tinged indigo
    stormclouds hide the moon's pale gold
footprints come and go

women run through snow
    wet feet leaving prints in cold
midnight snow tinged indigo

tears of untold woe
    hot and silver, fall as slow
footprints come and go

ravens call, winds blow
    echoing the endless wold's
midnight snow tinged indigo

underneath the glow
    of stars they have escaped him: so
through midnight snow tinged indigo

    footprints come and go

Owergien

Better tae rin—
dwyne intae the
dag. Thraw hape
awa.

Gab saftly an
be duin, tirl-aff
human huil—sit snod
as a snail

Chynge intae a shell,
howe in the snaw—
fauchie as bane.

The years skail oot
lik flees,

   petals in
the kuil,

    powes alicht wi

    sun

Surrender

Better to run—
diminish in the
mist. Defy life.

Speak softly and
be done, remove
human skin—snug
as a snail

Become shell,
hollow in snow—
the hue of bone.

The years disperse
like flies,

    petals
on the air,

    puddles full of

sun

Vire an the Deilie

Hou did ah strauchle throu the gausie fen
Bi the glent o the bracky-bree, awa
Tae a daurklins cove, dernt deep in the glen
An binner aboot throu the wids aw day
Tae follae a deil tae his saicret den?

Hou, whan the craitur that coortit me
Wi his daimen een an his rairie caw
Unsneckit the latch an grat, "gan free"
Did ah mak him a bluid-plicht to retour,
An bide in his byous boure again,

Tho his cleuks cairved deep, an his birsies brent
As we tummlet ablo the beglamourt beuch?
Hou did ah brak it, an hou div ah lang
Tae retour thare? Whit daes it maitter nou?

La Belle et la Bête

Why did I struggle through the leafy fen
By the light of the moonlit sea and stray
To a dark cave hidden deep in the glen
Then wander around through the woods all day
And follow a fiend to his starry den?

Why, when the creature who hypnotised me
With his great jade eyes and incandescent mane
Threw open the doors and cried "you are free"
Did I make him a promise to return,
And see his magnificent lair again

Though his claws were sharp and his whiskers burned
As we lay beneath the enchanted bough?
Why did I break it and why do I yearn
To return there? What does it matter now?

The Falconer

Aw day the dousie's brent and nou it's oot.
Ye shoud be hame nou, myna bird

Whase weengs ah cowed. The sky is lood—
Hae ye been swallaed bi the wind?

Whit gurls lik thunner aroond ma hert?
It isnae luve, but a gowlin mooth—

Get Oot. Get Oot. No wantit nou
Ye hae flawn intae the seelent sky.

The licht that skaiks the trees is veiled wi gowd.
What's scunnerin ma gumption is the loss

O life afore this stairm began—
Four waws. Twae beds. An us.

The absence o a cage shoud be enough—
It is ainly richt that ah shoud be forgien.

Myna bird, myna bird, when ye cam hame,
Fesh no the rain.

The Absence of a Cage

All day the lamp has burned and now it's out.
You should be home now, myna bird

Whose wings I clipped. The sky is loud—
Have you been swallowed by the wind?

What growls like thunder around my heart?
It is not love, but a howling mouth—

Get Out. Get Out. Not wanted now
She has flown into the distant sky.

The light that paints the trees is veiled with gold.
What horrifies the senses is the loss

Of life before this storm began—
Four walls. Two beds. And us.

The absence of a cage is not enough—
It is only right that I should be forgiven.

Myna bird, myna bird, when you come home,
Bring not the rain.

Vaam again Narcissus

Oh ye, whae seemed sae kind—
Whase luve wis a dairk anchor,
Whase airms were windin sheets,

Awa frae yon place,
wi yer een
like faimisht seas,

Ah willnae spread
ma wares
afore yer city waws.

Ah'm no yer bane-thirl—
ye cannae commaund
us to staund,

Nor shall ah nichtly hoond
yer ghaist
intae the hauf-lit past.

Dinnae retour again.

Ma hale life lang
Ah'll gie ye nae mair luve.
E'en in heiven.

Ward against Narcissus

Oh you, who seemed so kind—
Whose love was a black anchor,
Whose arms were winding sheets,

Away from this place,
with your eyes
like hungry seas,

I will not spread
my wares
before your city walls.

I am no bone-thrall—
you cannot command
me to rise,

Nor shall I nightly chase
your ghost
into the lamplit past.

You cannot come again.

My whole life long,
I'll give you no more love—
Even in heaven.

The Aiverel

If ye shoud meet the beast Desire, bewaur his ruby jaw,
Deh lowse the chyne frae roond his neck, or hearken tae his caw
For if ye dae, he'll lure ye tae the middlins o his lair,
Whaur stoor worms croul, an benshees bawl, *Bewaur, Bewaur,*
   Bewaur!

Bewaur the beast Desire, wi his mane o siller-reid,
His een o sic a brichtlins gowd, nae sun coud tak their steid
He'll bid ye flee awa wi him, he'll turn yer bonnie heid
But yince ye lowse his gowden chyne, ye'd suiner yet be deid

Bewaur the beast Desire, an his lease sae michty braw,
For whaur he gans, green things drap doun, an wizzen, yin an
   aw
The blossoms wither oan the brainch, an in their thoosands faw,
Bewaur the beast Desire, lass! Bewaur! Bewaur! Bewaur!

If ye shoud meet the beast Desire, a plicht he'll mak to ye,
Yer hairt will cruin, yer stamack birl, ye'll bauchle at the knee
He'll stairt a spirewind in yer hairt, then bid ye set him free
But dinna lowse his gowden chyne: gie ower, an lat it be.

When first ah met the beast Desire, ah wis but twinty fower
He plichtit me a brithal ring, then pree'd tae snaik awa,
Ah gied tae him yon gowden chyne, then locked it wi ma key…
Awa fae here, weel-luckit lass. The Beast belangs tae me.

The Beast Desire

If you should meet the beast Desire, beware his ruby jaw,
Don't loose the chain from round his neck, or listen to his roar
For if you do, he'll take you to the middle of his lair,
Where earth worms crawl, and demons bawl, *Beware, Beware,*
    Beware!

Beware the beast Desire with his mane of silver-red,
His eyes of such a gleaming gold no sun could take their stead
He'll bid you run away with him, he'll turn your bonny head
But once you loose his golden chain, you'd sooner yet be dead

Beware the beast Desire girl, next time you hear his call,
For where he goes, green things drop down and wither, one
    and all
The blossoms blacken on the branch then fall upon the air,
Beware the beast Desire lass, Beware, Beware, Beware.

If you should meet the beast Desire a vow he'll make to you
Your heart will sing, your stomach churn, your blood will
    bubble through
He'll start a whirlwind in your heart then bid you set him free
But don't unloose his golden chain, begone and let him be

When first I met the beast Desire I was but twenty three
He promised me a wedding ring, then tried to wriggle free
I gave this golden chain to him and locked it with my key
Away from here, you lucky lass. The Beast belongs to me.

Sindert

If ah wis an island
    the mar wid stiven oot o spite
afore it raxed us

The middlin lift wid cushin awthin
      'til nae twa hings coud scuff,
ilk curn o saund left sindert frae the neist

Anely the douth-muild o me muives,
    rimples paut their pinkies
roond ma een—a fairce dau,

Tides mairked bi mirl alane.
      O Ghaist, hangit cluit-first
in the divert drush, ah'm no yer Dryope—

For wha will mane as the daise oags app?
    Langsome spreid o stane-haurd lichtnin
ruitin us in eterne? Nae Andraemon comes

But ma seein-gless sel,
    ower faur aff tae kiss—

Muithie rouk o breith,
    wairmth affirmed bi donsieness

Oh mort lain tae rest!
    Oh wratch jyled in steel!
Whae kent ah cuid be sae muived?

Ghaist o naebody,
    yer perfet skult
turns in ma ain—

It is the skult
    o Narcissus,
heivenly, unkist...

"Whit nou?"
    Its een speir oot,
dern as dowpless
    deid-kists

First Twalmond, Syne Aichty,
    Blaik Unendin Skirls
Ye Micht Caw Breith

We'll nae mair hae a tryst,
   we dinnae exist eneuch,
gods withoot wirds

   Ah'm but a tremmle—

A scuff o dag on skin
   vainishin yince it begins—

a glisk o the nakit unquateness
   we maun tyne or dee,

juist as the chilpit,
   siller mist o me maun cease—

finnerprents and smuirichs,
   slairt on gless.

The hindmaist blink o bein
   snecks me app, a feel
the thirle o fawin, an still,

Ah woud dee tae see ye—
mowt intae lift,
   gaird yird frae heiven

But... ah haiver tae masel.

Ah maun muive doun nou.
Lawer an lawer,

till desire
   means naethin.

Separation

If I were an island
    the ocean would freeze out of spite
before it reached me

The impartial air would cushion everything
      'til no two things could touch,
each grain of sand quite separate from the next

Only the dry earth of me moves,
    wrinkles spread slow fingers
around patient eyes—an untenable caress,

Time marked by decay alone.
      Oh Ghost, anchored ankle-first
in these separate dusts, I am no Dryope—

For who will weep as the rot creeps up?
    Gradual spread of stone-hard lightning
rooting me to eternity? No Andraemon comes

But my mirror image,
    too distant to kiss

Hot, wet mist of breath,
    warmth affirmed by lifelessness

Oh corpse carried to rest!
    Oh wretch caged in steel!
Who knew I could be so touched?

Ghost of no-one.
    Your perfect skull
turns within mine—

    It is the skull
of Narcissus,
    divine and unkissed...

"What now?"
    Its faceless eyes enquire,
black as bottomless coffins.

First A Year, Then Eighty
    Faint, Unending Screams
That Some Call Breath

We shall never meet,
    we don't exist enough,
gods without words

    I am a tremor,

The memory of rain on skin
    vanishing before it begins—

a glimpse of the naked unstillness
    wise men must relinquish or perish, as

the cold and silver mist of me must also cease,
fingertips and kisses lost on glass.

The last black moment of being
    grabs my ankles, I feel

The thrill before falling and still,

I would die to see you—

become sky,
      suffer as the world does.

But I am speaking to myself.

I will move downwards now.
Lower and lower,

    until desire
        means nothing.

Ariadne Peals

He wis ma bevie,
ilk glence a gowd glassfu,
a skyrie infeenity o us

The gless o the heivens
wis hale in my hauns an
fair fousome wi aw that he wis.

If this lyfe wis ma ain yin
Ah'd gie it aw ower
tae jyne him yince mair in the bour

Ma een in the wine gless
hae chynged intae his
an the wine is ableizin wi pouer.

Ariadne's Regret

It's the liquor that did it
each radiant glassful
a gilded infinity of us

The cup of the universe
was warm in my grasp and
brimming with all that he was.

If I owned these palaces
I would leave them for him
and live in unseen darkness

But he has drifted away
like silk loosed in the wind.
Beloved Dionysus,

My face in the wine glass
blurs into yours
as the Bordeaux gleams with stars.

Staurns at Skybrek

The skyrie caunles o the staurns
Leamed doun on us wi meestic pouers,
They bluimed an birned an lunt alicht
The daurksome cleidin o the nicht
Until deid-oor-o-nicht wis oors.

The siller schinders fell in shooers,
We chirmed like birds an glent like flouers
In leas sae bluitert up oan dew
They drugged us doon and drouked us throu
Wi moothfus o glamourie oors.

The heiven's net o siller blue
Fell doun an made the sky brent-new
But nou a dreidfu stairm-clood stours
Abuin us, an its lichtnin glouers
Hae gien yer een a chilpit hue.

Ah cannae luve ye in hauf-licht,
Oor staurnlit lifts o iolite
Hiddelt yer hamelaund and ma scaurs—
Oor forenuin's cam. Its licht's no oors.
We buid tae pairt. There's brichter staurns.

Stars at Dawn

The lustrous altars of the stars
Shine down on us with all their powers,
They bloom and burn and set alight
The misty curtain of the night
Until the universe is ours.

The meteors fall down in showers,
We sing like birds and glow like flowers
In meadows so suffused with dew
They pull us down and soak us through
With handfuls of enchanted hours.

The heaven's net of silver blue
Falls down, as though the night withdrew
And now, a dreadful storm-cloud lours
Above us as the lightning glowers
And lends your eyes an icy hue.

I cannot not love you in this light,
For starlit skies of iolite
Concealed your fractures and my scars—
The morning is no longer ours
And we must seek out newer stars.

Seelent Man

Sae, we haippent tae get lost.
The muin is nearlins oot.
The trees, the staurns, the banes
o the nicht are saicret.

Ye sleep, lulled bi the dusky
percussion o hail.
Ye soond like ye swallaed a clood.

The sky is lit wi mist,
Ah'm envious o that blank canvas—
the dyin days, the rising lichts
tell lies.

"Let's get the tent," ye said,
and nou, ye rest.
But ah'm a mess, nestin in wilderness,
still weary o yer happiness.

The frost spreids its claws
atween rains,
an ah'm alane.

Oh Seelent Man
    When will ye Brek?
Spreid like Smoke
    Taeward the Sun?

Past Sadness
    Stained wi Tears
        Oot o ma Sicht?

Silent Man

So, we finally got lost.
The moon has near gone out.
The trees, the stars, the bones
of the night are secret.

You sleep, lulled by the dusky
percussion of hail.
You sound like you swallowed a cloud.

The sky is lit with mist,
I'm envious of that blank canvas—
the dying days, the rising lights
tell lies.

"Let's get the tent" you said,
and now, you rest.
But I'm a mess, nesting in wilderness,
still weary of your happiness.

The frost spreads its claws
between rains,
and I'm alone.

Oh Silent Man
    When will you Break?
Spread like Smoke
    Toward the Sun?

Past Sadness
    Stained with Tears
        Out of my Sight?

Wairnin tae the Ayeweys Aff an On

It's awfy dreich tae leeve
Wi someone ye divna luve.
The haurd pairt is deekin it,

No likin the yin
Ye bide wi,
No kennin why,

Wirrit ye micht come aff rude
Ye stairt tae cleck up excuises,
(Heidache/sad/bad muid)

If yer list o raisons tae stey
Includes "siller", or
"They micht chynge"
Get yersel oot.

If ye ken deep doun
They're no whit yer aboot,
Or the sicht o thaim eatin,

Smilin, watchin TV
Maks ye want tae scream,
It's time tae leave.

If they niver seem tae
Unnerstaun whit ye mean,
An ye imagine livin alane, or

Daunderin doon the stair
At midnicht, for a skaur
O peace, ken whit?

They Arenae Richt.

Ye willnae believe us,
But, efter the tears
An stooshies,

They'll aw at ance appear
Relieved. Ye see ma dear,
They dinna luve youse either.

Advice to the Undecided

It's difficult to live
With someone you don't love.
The first bit is realising it,

Not liking the one
You live with,
Not knowing why,

Feeling like you're being rude
You start to invent excuses
(Migraine/sad/bad mood)

If your list of reasons to stay
Includes "money"
Or "they might change"
Get the hell out.

If you know deep down
They're not what you're about,
Or the sight of them eating,

Sleeping, innocently watching TV
Makes you want to scream
It's time to leave.

If they never seem
To understand what you mean,
And you constantly imagine
Living alone, or

Wandering through
The street at midnight,
For a bit of peace

It means it isn't right.

You won't believe this,
But, after the tears
And arguments

They will suddenly appear
Relieved. You see my dear,
They didn't love you either.

Sestina o the Widland

Still as stookies cleid in frost,
Hert-fou o smeddum, twa young luves mak licht
O wae, for the bastle o the widland
Surroonds thaim, an the nichtfaw, sae seelent
Bields thaim baith. Alane by the beuchs and ruits
They smuirich wi an undevaulin thrist.

Naethin owergangs sic thrist,
She: haund-fest tae a merchand, cauld as frost,
He, a furrin ootlander, wi his ruits
As evendoun as ony diamont's licht.
Couryin till dayligaun faws seelent—
Souchin throu the wizzen o the widland.

Whaur tae meet but the widland?
Whaur gollachs an forluppens slock their thrist
Bi the burnie's watters, skyrie-seelent?
But the merchand jouks in the staurn-lit frost
Inby a spinkie den, devoid o licht,
Watchin the sweetherts' feet besturt the ruits.

The gun, the sweetherts, the ruits,
The vyces befylin the guid widland
He goams, an maks tae slocken, as the licht
Oags 'gin her face, he shuits, an wi a thrist
Unbreithered bi their luve, the lanesome frost
Wauchts app the migrant's bluid, slaw an seelent.

An so her saul went seelent,
Seein her luve lie cauld benon the ruits,
She curst the warld an aw its fouthie frost
An ghaistlike, ran throu the derklins widland.
The merchand hoondit her wi breemin thrist
An left her dyin in the mornin licht.

But that wisnae the last licht
Nor the first deith in that fey and seelent
Glade whaur nane nou daur tae slocken their thrist
For fear o the banes that bate the auld ruits
O the tree whit chivers in the widland,
The manes of luve an dule that beek the frost.

Aw dreid the lichts that flochter roond the ruits
An tend ilk seelent graff in the widland—
Their thrist for vengeance, tholin as the frost.

Sestina of The Forest

Still as statues clothed in frost,
Embraced by courage, two young loves make light
Of woe, for the fortress of the forest
Encloses them, and the night, so silent
Holds them fast. Safe by the branches and roots
They whisper and kiss with sweet, endless thirst.

Nought tonight exists but thirst,
She: betrothed to a merchant, cold as frost,
He a penniless migrant, born with roots
Honest and rare as any diamond's light.
A sound: they cower till all falls silent—
Till no noise but delight fills the forest.

Where to meet but the forest?
Where lovers and small creatures slake their thirst
By the river's waters, bright and silent,
But the merchant hides in the star-lit frost
By a rock, in a place devoid of light
Watching the lovers' feet disturb the roots.

The gun, the lovers, the roots,
The voices polluting the chaste forest
He sees, and would extinguish. As the light
Creeps by her face he shoots, and with a thirst
Unequalled by their love, the lonesome frost
Drinks up the migrant's blood, slow and silent.

And so her soul fell silent,
Seeing her love lie cold upon the roots
She cursed the world and its glorious frost
And vanished, like a ghost, through the forest.
The merchant followed with a violent thirst
And left her dying in the morning light.

But that was not the last light
Nor the first death in that still and silent
Woodland where none now drink, despite their thirst
For fear of the bones that nourish the roots
Of the tree that shivers in the forest,
The moans of love and grief that melt the frost.

All fear the lights that flit across the roots
And tend each silent grave in the forest—
Their thirst for vengeance patient as the frost.

Fawin

It's Hairst whan she deeks him,
at Kilmarnock station
waitin on the droukit day

Hair birlin roon like
a tuin at a ceilidh,
gowd faiks leamin in
the eastlin wind.

Meenits flee in seelence,
islands in the hyne-launds—
a smile flauchters ontae the tracks.

Falling

It is Autumn when he sees her,
alone in the small-town station
waiting for the train on a wet seat

Her hair strewn about like the
notes of an orchestra,
blonde strands whitening in
the north-westerly wind.

Minutes pass in silence,
still islands in the distance.
she smiles. A leaf falls onto the tracks.

The Brithal Vou

The fears o youth hae cam tae nocht
An aw the warld is mair
A pleisance birls alang ma hert:
An ye hiv pit it there.

Ma skyrie boy, ma anely saul
Ma life, ma vieve, ma licht,
There's no a dree ah couldnae thole
As lang as ye're in sicht

Ma dwaumin thochts are aw o ye
Ma waukin yins asides
Ye're whaur ma mynd vous aye tae be
Ye're whaur ma futur bides

Ah divna dreid the wheems o fate
Wi ye, ah'll face thaim bare—
The fears o youth hae cam tae nocht
An aw the warld is mair.

The Bridal Vow

The fears of youth have come to naught,
And all the world is more—
A seraph dances in my heart
And you have put it there.

My bonny one, my only man,
My life, my love, my light
There's not pain I can't withstand
As long as you're in sight

My dreaming thoughts are all of you,
My waking ones besides
You're where my mind cries out to be,
You're where my soul resides

I do not dread the whims of fate,
What trials may be in store—
The fears of youth have flown away,
And all the world is more.

Aifterwart

The tottiest o hings
tell o her deein—

Twa bars left on the hearth,
a croudit sink

An oorie hauf-lit haw,
a faut o pink—

Foostie pieces, cairds,
a carle sat greetin.

His myndins faw like flooers
frae the pages

Of yon wee buik they
presst thaim in sae ticht

Afore she daundered aff
intae the ages,

Cleid in the derklins
uncut claith o nicht.

Afterward

Little details whisper
of her dying—

Three bars left on the hearth
the cluttered sink

The strangeness of the place
the lack of pink—

Cold tea, stale sandwiches
an old man crying.

His memories fall like flowers
from the pages

Of that old book they
pressed them in so tight

Before she wandered off
into the ages,

Lost in the black
and uncut cloth of night.

The Seicont Ferlie

In her hintmaist
breith o life
Ailsa Brown gies birth

Her mane wysin furth
    a bairn lang syne gane.

    1941:
ilk pech o air
    brocht it naur,

        ilk curse,
        ilk haund,
ilk fashin wee
    nurse.

    "Ye can dae it!" chaunts
her doolie man,
as she birls
her bed-claes,

Gapes her een,
fainly fleein ower
        the edge

        o her seicont

    feirlie.

The Second Miracle

In the last bright
flash of her life
Mrs Brown gives birth,

Her cries summoning forth
    a son long since gone.

    1941:
each lungful
    of oxygen brings
        it closer,

        each curse,
        each hand,
each anonymous
    nurse.

    "You can do it Elsie!"
her invisible man
whispers as she turns
in bed and opens

Her eyes, gently
stepping over
        the edge

        of her second

    miracle.

Naur Deith

The white of this waw is as claichin
As bane keekin thou a new openin
An the bluid's auncient metals, scaudit iodine,
Foretell the foost sterility o deein.

The air guffs o seekness, auld milk pit oot—
Shilpit and soor. A frichtsome screich
Skirls oot like a klaxon, dwynes doon, stairts again.
A dirdum that nae thochts o hame can droon—

Death hauds its jaws agape an gargles wi us
Blindit an feart in the unbekent cauld
We tak oor turns skirlin. Ah am the first,
An the last yin tae bruil. Ah am twal year auld.

Near Death

The white of this room is as untidy
As bone poking through a new opening
And the blood's ancient metals, tinged with iodine
Tell of the dirty sterility of dying.

The air reeks of sickness, like milk left out—
Sweet, white and sour. A soul-sick scream
Sounds out like a klaxon, dies down, begins again.
It is a noise no thoughts of home can drown—

Death opens its black jaws and gargles with us
Blind and afraid in the skeletal cold
We take our turns at screaming. I am the first,
And I am the last. I am twelve years old.

The Wee Yins

The wee yins lig in the daurklins, sichin
(unbathert bi luve, upsitten tae sin)
They roun wi the saftness o onfaw.

The wee yins' drees hae wappin clauts,
(the skeichen snorls o their herts are fluised)
They waucht wi the hunger o flooers.

The weans are bowsied–app wi dwaums,
(babbin alang the bracky-bree)
The nicht, their howps retour like seas.

The Children

The children lie in the darkness, sighing,
(untroubled by love, indifferent to sin)
They speak with the softness of raindrops.

The children's fears have monstrous claws,
(the nervous knots of their hearts are frayed)
They drink with the hunger of flowers.

The children sleep, plumped up with dreams,
(leaping along the ocean bed)
Tonight their hopes will rise like trees.

Awauk

Shaidae o a dwaum,
Mirk-daurk alang the gowd-reid brink o ma veesion
Faur as the watter's end,

Saft as the mooths o drowe that slaik the stream
In drush collision,
Hou did ye set the mar oot here? Hou did ye send

The unpossible vizzie? The ghaist-sea, glentin green?
Shoud ah enveesion
A scowe as licht as lammer, un-cleek it, an ascend

Thae scaudin, yellae waves
Throu the dreich black smeuk o ma ain terror?
Tell us: for whase sake

Maun ah raik these aizelt forelands tae the caves
Or be the beirer
O a bale that birns the sockets? Whae will take

Ma airm an lead me saftly frae this muntain o graves?
Ye hiv come nearer.
Whan will ah dover aff? Whan will ah wake?

Insomniac

Shadow of a dream,
Cast black across the gold-red edge of my vision
Far as the river's end,

Soft as the tongues of mist that touch the stream
In lost collision
Why have you sent an ocean here? Why did you send

The impossible object? The cold sea, gleaming green?
Should I envision
A boat as light as amber, un-anchor and ascend

These boiling, yellow waves
Unaided through the chalk-black smoke of my own terror?
Tell me: for whose sake

Must I walk these charcoal shorelines to the caves
Or be the bearer
Of a torch that burns the sockets? Who will take

My arm and lead me gently from this city of graves?
You have come nearer.
When will I fall asleep? When will I wake?

Benshees, 2 a.m.

Fou—fou an alane,
and slawly stotin forrit

Lik bleizin selkies
doucely driftin seawart

Their leeves blowt oot lik faem
again the skerries o their herts

Their een as saft an lost
as tears on flouers on graffs

The howies o their herts an een
are cryin at the thocht o hame

Their sangs are glitterin bruids
skinklin intae the nicht

Their meemories: glitterin bruids
skinklin intae the nicht

Nymphs at 2 a.m.

Drunk, drunk and alone
and slowly moving forward

Like suicidal mermaids
drifting seaward

Their lives have burst like waves
against the rocks of their own hearts

Their eyes as soft and lost
as the tears on flowers on graves

The chasms of their hearts and eyes
are crying at the thought of blood

Their voices are glittering trails
emptying into the night

Their memories: glittering trails
emptying into the night

Whilst Wirkin at Subway

The shaidae on the waw wis sae beautifu—
Licht gowden neuks wi ebony leafs a-flauchter,
Sae bonnie, as ah passt, ah nearlins gasped.

Ah let it daidle a seicont in ma mynd—
Gan doun the stair tae fesh the dough,
Hauntit bi the cantie tints o gowd,
An widdie-wands o black that birlt sae merrily.

Fae a stymie, ah'd stuid in feudal Japan,
Govin intae a glowin paper screen,
As empie-free as thae daurk brainches.

When ah clammert back, nae shaw o sun bade oan
An the waw wis dour an deid—a thing tae claucht us in.

Whilst Working At Subway

The shadow on the wall was so beautiful—
Pale golden squares with ebony leaves a-tremble,
So fair that as I passed I almost gasped.

I let it linger a second in my memory
As I went downstairs to fetch the dough,
Haunted by the flickering shades of gold
And living twigs of black that danced so merrily.

For a moment I had stood in feudal Japan,
Gazing into a glowing paper screen,
As blank and free as those dark branches.

When I walked back up no sign of sun remained.
And the wall was dull and flat—a thing to hold me in.

Girzie Sang

Wheesht, young guidwife! Wheesht an saftly dover,
For thae wha trachle for yer seil are here.
We'll sweel ye in the hap-wairms o oor laubour—
Whaniver we are cawed oan, we'll appear.

When ye maun thole the bleester an the skolder,
Then we sall leg aside ye in the rain,
Our shaidies haudin up yer umberellaes-
We are yer sclaves—ye needna ken oor names.

We'll fesh ye saitin bedclathes, made tae order—
Ye chuise the claith, an we sall tack the seams.
Wheesht, ma guidwife, wheesht an saftly dover,
And when ye sowf awa, we'll soop yer dreams.

Servantile Song

Hush young mistress! Hush and softly slumber,
For those who have been born to *serve* are here.
We'll wrap you in the blankets of our labour—
Whenever we are needed, we'll appear.

When you must brave the dull, inclement weather
Then we shall walk beside you in the rain,
Our shadows holding up your blue umbrellas—
We are your slaves—you needn't know our names.

We'll bring you silk pyjamas, made to order—
You choose the fabrics—we will sew the seams.
Hush, young mistress, hush and softly slumber,
And when you go to sleep, we'll sweep your dreams.

Bonnie Gansey

Ah keek a richt bonnie gansey
an claucht it app, reflectin the gate
o a merchand exaiminin guids,
hookin the hinger oan
the rail, pautin the seams an
airtin oot labels: *Handwash only*
amazin—ah'm awready ettling tae sweel

a gansey that daesna belang tae me,
the fantice o luxury cliverly stappit
'cause it'll be *me* haudin it ower the bath,
no a mammy or a girzie, but—ME

dibber-dauberin an drapin it
ower the radiator, wearin it yince and thinkin
braw—but if ah sweit, ah've blawn it…
ah hing it up.

Pink Cashmere

I see a pink cashmere jumper
and pick it up, instantly adopting
the habits we shoppers
have when examining such things,
hooking the padded hanger
onto the rail, running fingers inside seams
seeking out price tags, labels and washing machine
instructions. Finally I find it: *Handwash only*
amazing that I'm already planning to clean

an object that doesn't even belong to me,
the fantasy of luxury abruptly stopped
because it will be me holding it over the bath,
not a hand maid, mum or launderette—ME

painstakingly dabbing, hand shaping and draping it
over the radiator, wearing it once and thinking
looks great—but if I sweat, I've had it...
I put it back.

Pouther-deevils

The cruinin o trees
    Uncleids us. Hykin lik
Jakies on this nicht
    Lit like diamants

We shue tae the
    Blueichtie tuin o
Midnicht, gove intae
    The lift:

The warlock muin,
    Its glentin fameeliars
Creaut leccie bluims—

    An skyrie wi rain
Are the wynds,
    Oor Herts.

Fireworks

The harmonies of trees
    Unclothe us. We
Sway, amiably drunk
    On this night lit like

Diamonds, move to
    The subtle blue music
Of midnight, gaze into
    The sky:

The magician moon,
    Its glittering assistants,
Conjure electric blooms—

    And brilliant with rain
Are the streets,
    Our Hearts.

Sestina o War

Shaidaes o balloons on gowd,
Mirkenin shapes on the emerant shaw.
No the gey scug o a switherin clood,
Lourin wi glamourie—nae Lammas muin.
Ah ween it was June, tho ah mynd nae rain
Or flooers. Ah barelins remember the sun.

"If ah coud jist deek the sun,"
The chiel aside us said; he haed licht gowd
Merks in his een... *"Ah howp there's nae mair rain."*
He harkit as we cleart the bonnie shaw
And foond the wids. We waitit til the muin
Wis due. We langed tae glisk it throu a clood!

Then aw at ance, a clood
O yellae gas spreid oot, as tho the sun
Haed birslet app, collidin wi the muin.
Ah shot thaim frae a bourie, as the gowd
An siller straiks o bullets stowed the shaw
Wi deeilish blowts o heckleburnie rain.

Buiks dinna mynt at the rain;
Sodgers an wappens, airmies, an the clood
O smeuk that merked oor fechtin in the shaw,
They clype o thaim o coorse, but no the sun,
An nou, ah dinnae mynd thaim, an nae gowd
Or gress can ah recall, nae cantie muin.

Whit strauchles it's seen, the muin,
Sae wyse an ootwart, govin throu the rain!
Ah cry nou, whan a deek it, tho the gowd
Peened tae ma kist, the braw parauds that clood
Ma mynd tell o a hero, brent as sun,
Chargin wi smeddum throu that fremmit shaw.

The twa balloons in the shaw
Were made for observation, yin a muin
Tae end oor days, the ither yin a sun
Tae rouse us wi a blatter o reid rain;
Yet strynge, ah dinnae mind an aesome clood
But yin: daurk bluid spreid in an ee o gowd,

Set on the burnin shaw an bleart wi rain,
A muin foriver kivert wi a clood,
The anely sun remainin, ruint gowd.

Sestina of War

Shadows of balloons on gold,
Perfect, black shapes cast across the spring glade.
No, not the shade of a passing white cloud,
Looming, mysterious as a new moon.
I believe it was June, recall no rain
Or grass. I barely remember the sun.

"I wish I could see the sun,"
The man beside me said; he had these gold
Lines in his eyes. *"I hope it doesn't rain."*
He whispered as we cleared the hilly glade
And reached the woods. We hid until the moon
Was due. We longed to see it through a cloud!

Suddenly, a yellow cloud
Of mustard gas spread out, as though the sun
Had exploded, colliding with the moon.
I shot them all from a foxhole, the gold
And silver streaks of bullets filled the glade
With evil bursts of hell-enchanted rain.

The books don't mention the rain;
Marines, grenades, machine-guns and the cloud
Of smoke that marked my triumph in the glade,
They mention those of course, but not the sun,
And now I don't remember them, no gold
Or grass can I recall, no gentle moon.

What battles it's seen, the moon,
So wise and distant, gazing through the rain!
I cry each time I see it, though the gold
Pinned to my chest, the gay parades that cloud
My mind tell of a hero, fair as sun,
Charging with valour through that foreign glade.

The two balloons in the glade
Were made for observation, one a moon
To end our days, the other one a sun
That roused us to a red monsoon of rain;
Yet strange, I don't recall a single cloud
But one: dark blood, spread in an eye of gold,

Fixed on the ruined glade and glazed with rain,
A moon forever covered by a cloud,
The only sun remaining, faded gold.

Expectin Guests

Thare's twa-three hings
ye maunna tell
yer feres:
no e'en the deid yins

    Saicrets ye wid be laith
    tae awn withoot facin
    a deith sentence

Binna, o coorse,
yer e'endoun shuir
yer pals hiv also
got thaim

    But hou tae ken,
    when ilka yin
    e'en nou luiks
    sae repressed?

And e'en the deid,
laid dinkly doun,

Are still

Expectin

Guests?

Expecting Guests

There are
some things
you can't tell
your friends:
no, not even
the dead ones

Confessions
it would be
crazy to make
unless facing
a jail sentence

Unless of course,
you're absolutely
sure they've also
done them

But how can you
tell, when almost
everyone seems so
repressed

And even the dead,
laid out in rows,

Are still

Expecting

Guests?

Invokerie

Come life, wi yer dule an posies
    wi yer glazie lift an dree

Wi yer fruitfu leas an ill-shakkin haunds
Come beir the gree

Come life, wi knawledge o the daurk
    throu dayligaun's marlt een

Set yer trauchles doun bi the ooter launds,
An beir us aff, unseen

Ah strauchle on wi ma yaukin pyne
    tae the watter's edge an scry

Come life, come cairy us awa
Let us inby.

Invocation

Come life, with your grief and garlands
   your heat and desolate rain,

With the juice of cherries and unsteady hands
Come make your claim

Come life, with knowledge of the dark
   through the grey-green eye of day

Lay your baggage down by the meadows edge
And spirit me away

I wait, with my faulty guts, and cry
   by the noise-some rocks of tide

Come life, come take me in your arms
Let me inside.